AF501066

APERÇUS

SUR

LES RÉVOLUTIONS SUCCESSIVES

QUI ONT PRODUIT

LA CONFIGURATION ACTUELLE

DES MONTS-DORES.

PAR M. J. FOURNET,

Docteur ès-sciences.

A PARIS,

CHEZ CARILIAN-GOEURY, LIBRAIRE

DES CORPS ROYAUX DES PONTS ET CHAUSSÉES ET DES MINES

QUAI DES AUGUSTINS, N°. 41.

1834.

[illegible]

[illegible]

[illegible]

[illegible]

[illegible]

[illegible]

[illegible]

[illegible]

[illegible]

[illegible]

[illegible]

[illegible]

APERÇUS

Sur les révolutions successives qui ont produit la configuration actuelle des Monts-Dores.

Par M. J. FOURNET, docteur-ès-sciences.

Ce mémoire se composera de deux parties : la première comprendra la série des dislocations et des soulèvemens qui ont imprimé au système du Mont-Dore sa forme actuelle. Chacun de ces bouleversemens étant en rapport direct avec des formations volcaniques bien distinctes, j'ai dû fixer mon attention sur leur ordre de succession ; et si mon but n'a pas encore été atteint en cela avec toute la précision désirable à cause des difficultés sans cesse renaissantes que présentent les escarpemens et la végétation, je suis cependant arrivé à une classification suffisamment nette des roches de cette localité, en sorte qu'il me suffira de les rapprocher avec celles des autres contrées pour faire ressortir toute la constance des caractères des formations trachytiques, et ce sera là le but de la seconde partie de ce mémoire.

En partant de cette division, j'ai dû me borner, dans la première partie, à une simple dénomination des roches, et renvoyer dans la seconde tous les détails minutieux purement minéralogiques.

Un premier coup d'œil général nous fait reconnaître que les Monts-Dores renferment dans leur structure générale des couches stratifiées et d'autres qui se présentent au contraire avec tous les caractères de filons plus ou moins puissans intercalés dans les masses stratifiées; de là deux grandes coupes qui peuvent ensuite se subdiviser chacune suivant l'ordre de superposition ou d'intersection. C'est dans ce détail que se présentent les incertitudes pour les filons seulement; car ils ne m'ont encore présenté aucun de ces croisemens qu'il serait néanmoins si important de pouvoir constater, afin de déterminer invariablement l'âge relatif des formations auxquelles ils appartiennent; néanmoins, quelques considérations d'un autre ordre peuvent encore nous guider, et j'aurai soin de les faire valoir à mesure que j'y serai amené par la marche que j'ai adoptée.

Le résultat final auquel les faits, pris ainsi un à un, me conduisent, est analogue à celui auquel MM. Elie de Beaumont et Dufrénoy étaient parvenus de leur côté. Cette confirmation de mon travail est trop précieuse pour que je ne croie pas devoir la mentionner d'avance comme une garantie de son exactitude.

Relation du terrain trachytique avec le terrain primitif.

La disposition et la configuration du terrain primitif qui encaisse le massif trachytique n'étant pas sans influence dans la question, je vais les faire ressortir avant tout.

Le Mont-Dore est assis sur une large arête culminante du terrain primitif, dirigée à peu près de l'ouest à l'est, en déviant légèrement au sud. Elle détermine le partage général des eaux qui se déversent d'une part vers le sud, suivant le Chavanon et la Dordogne, et de l'autre vers le nord, où elles se réunissent à la Sioule et au Sioulet de Pont-au-Mur.

Ce qu'il est essentiel d'observer en outre, c'est que cette arête offre dans un de ses points un abaissement sensible, qui résulte de son intersection presque rectangulaire avec la vallée de la Sioule. C'est dans ce bas-fond que s'est exercée l'action volcanique; en sorte que, loin de surgir des sommités primitives comme la plupart des autres puys volcaniques de l'Auvergne, les produits qui ont constitué le Mont-Dore ont, au contraire, rempli d'abord une sorte de bassin, et n'ont atteint leur hauteur actuelle qu'en vertu d'une série d'accumulations et d'exhaussemens successifs.

En effet, les nivellemens barométriques, pris sur les points des terrains primitifs les plus voisins, nous donnent :

			moyenne.
A l'ouest.	Pour le granite situé derrière la Grange et Murat-le-Quaire	961m.	952m.
	Pour le granite de la Bourboule	943	
A l'est.	Pour le granite de la Guieze	1124	1124m.

Résultats dont la moyenne générale serait de 1.007 mètres.

D'un autre côté nous avons, pour les points les plus bas du terrain trachytique pris dans la vallée de la Dordogne sur une ligne qui joindrait les points précédens, les hauteurs suivantes :

Pessy.	972m.
Genestoux	947
Quereilh	990

dont la hauteur minimum de 947m. est encore sensiblement moindre que celle de 1.007 mètres qu'aurait dû atteindre le terrain primitif si la dépression en question n'eût pas existé.

On arrive à la même conclusion par les nivellemens pris sur le versant septentrional de cette arête; en effet, ils donnent les hauteurs suivantes, en allant de l'ouest à l'est :

A l'ouest des Monts-Dores.	Verneugheol.	727m.
	Tortebesse.	892
	Perpezat.	915
Au centre vis-à-vis des Monts-Dores.	Rochefort	860m.
	Orcival.	880
A l'est des Monts-Dores.	Vernines	1.013m.
	Saulzet-le-Froid	1.050

Ces trois derniers groupes, dont il serait facile de multiplier les détails s'ils étaient nécessaires ici, confirment suffisamment l'existence de la dépression vers le milieu de la ligne en question sous Rochefort, tout en démontrant un accroissement successif en hauteur, à mesure que l'on se rapproche du prolongement de la chaîne des Puys-de-Dôme. Je reviendrai, au reste, plus en détail sur ces faits dans un mémoire spécial sur la configuration de l'ensemble du sol primitif de l'Auvergne. Il est superflu d'y insister davantage pour le moment, n'ayant d'autre but ici que de démontrer que les forces soulevantes ont agi en un point de moindre résistance; c'est pour cette raison que nous voyons les masses ignées y acquérir un immense développement, tandis que partout ailleurs dans l'Auvergne, où elles se sont fait jour par les arêtes culminantes ou lignes de plus grande épaisseur, elles n'ont produit que des cônes d'une faible importance relative.

On peut encore faire un autre rapprochement par rapport aux roches, qui n'est pas non plus sans importance. En effet, ce que nous connaissons des parties de ce terrain primitif les plus rapprochées du Mont-Dore, comme à la Bourboule, à la Guieze, au pied de la roche Sanadoire, nous fait voir qu'il consiste essentiellement en un granite à gros grains, que je démontrerai par la suite être une des roches primordiales les plus récentes de l'Auvergne; d'ailleurs, on en retrouve beaucoup de fragmens qui ont été rejetés en une foule de points parmi les conglomérats. Il paraîtrait donc qu'après la sortie des masses granitiques, l'action intérieure a continué à se manifester aux mêmes points par l'expulsion des masses trachytiques et autres qui ont successivement profité de l'ébranlement du sol pour se faire jour, en soulevant et disloquant à mesure les roches antérieures, et les phénomènes ont été successivement toujours du même ordre.

Conglomérats trachytiques, trass et lignites

Les premiers produits de cette période nouvelle, autant du moins qu'ils sont visibles dans leur contact immédiat avec le granite, comme à la Bourboule et autres points de la circonférence du massif, n'offrent de toutes parts qu'une série de conglomérats trachytiques, de texture, de couleurs et de dimensions excessivement variées, indiquant soit des âges, soit des accidens, soit des orifices divers. Ils ont rempli d'abord le bassin précédent. Parmi eux nous en voyons qui sont évidemment stratifiés comme des matières déposées par les eaux; l'on y a d'ailleurs retrouvé auprès de la Bourboule des empreintes de poissons et de végétaux, et en outre des bois présumés charbonnés, à cause de leur teinte noire, qu'on pourrait, au reste, attribuer tout aussi bien à une altération particulière au ligneux longtemps enfoui dans un terrain humide; on en rencontre de pareils dans les conglomérats très compactes et ténaces, qu'il a fallu entailler pour tracer la grande route du Mont-Dore à Murat-le-Quaire.

Outre ces indices, nous trouvons encore des matières auxquelles il est impossible d'assigner un autre mode de formation que celle aqueuse; telles sont les lignites, qui se trouvent à certains étages, notamment au ravin des Egravats. Cette dernière circonstance nous conduit surtout à admettre qu'après une première période de déjections de matières incohérentes, il y a eu stagnation complète dans les phénomènes; la végétation s'est établie au-dessus, probablement dans un vaste cratère-lac constitué aux anciennes époques. Les eaux de ce lac ont agi à leur manière sur les dépôts antérieurs, les ont remaniés et modifiés par leur influence et leurs infiltrations prolongées, et de là résulte probablement cet aspect particulier de beaucoup de ces conglomérats, et leur imparfaite liaison et cohérence, qui a fait supposer, non sans raison, à plusieurs observateurs, qu'ils étaient le produit d'éruptions boueuses. Cette hypothèse n'est pas sans fondement d'ailleurs, puisque les phénomènes primitifs ayant reparu par une ou plusieurs nouvelles séries de déjections incohérentes qui ont recouvert les lignites précédens, il est clair aussi que les eaux de ce lac, débâclant avec violence lors des secousses et de la rupture de leurs digues, ont dû entraîner ces matières pêle-mêle, et, les broyant les unes contre les autres, les ont ainsi arrondies et entremêlées de matières argiloïdes qui les ont cimentées de nouveau.

C'est probablement aussi à la rupture des digues d'un pareil lac, bien plus qu'aux averses orageuses ou aux trombes d'eaux qui accompagnent ordinairement les phénomènes volcaniques, qu'il faut attribuer le transport des conglomérats jusqu'aux environs d'Issoire, et même sur la rive droite de l'Allier, auprès de Clermont.

Quoi qu'il en soit, nous ne connaissons de ce cratère-lac que ses produits incontestables, sa forme a été complétement détruite par les actions subséquentes: une grande épaisseur de tuf, de trass et de cinérites le recouvre, et rien de pareil ne nous démontre l'existence d'un second cratère semblable. Il semblerait même, d'après l'homogénéité de texture de la grande masse trachytique qui leur est superposée et son égale épaisseur, que le sol sur lequel elle s'est répandue a été à peu près nivelé, soit par les derniers produits pulvérulens, soit par les causes qui ont pu agir sur eux pendant un intervalle de stagnation assez considérable. Ces matières devaient se prêter facilement à ces nivellemens, à cause de leur incohérence; en sorte que les eaux pluviales venant à en sillonner une partie lors de leur écoulement, des éboulemens survenaient immédiatement et en comblaient la trace plus ou moins parfaitement.

Rien d'ailleurs ne répugne à cette hypothèse : combien en Auvergne même ne voyons-nous pas d'assises volcaniques plus modernes, presque horizontales, qui ne sont en relation avec aucune saillie ni aucune dépression, auxquelles on puisse rapporter leur point d'émergence; si celles-ci n'ont jamais existé d'une manière visible, ou si elles ont été effacées par le temps, nous sommes libres de faire la même supposition pour le cas qui nous occupe si elle se trouve coïncider le plus exactement possible avec les circonstances locales. Ainsi donc en résumant, il me semble démontré qu'il n'existait encore alors aucune des grandes saillies ni des anfractuosités qui caractérisent la forme actuelle de ces montagnes, et que la masse formait un plateau dont le niveau était presque horizontal.

En général, l'ensemble des phénomènes que j'ai pu observer dans cette localité m'a convaincu que ces sommités n'ont pas été le résultat d'une série d'actions répétées à de courtes périodes, mais bien celui d'une accumulation de matières par suite d'émissions produites à des intervalles éloignés les uns des autres. Outre le fait de la végétation qui a produit les lignites dont je viens de parler, et qui a exigé une certaine durée de tranquillité pour pouvoir s'établir, la dissemblance complète qui existe entre les caractères des diverses formations trachytiques, prouve bien encore que les circonstances intérieures ont dû se modifier fortement pendant les intervalles intermédiaires, et que par conséquent le temps est un des grands élémens de la question. On peut remarquer que toutes les fois que deux formations se suivent de près dans l'ordre géologique, il y a un certain passage de l'une à l'autre, tandis qu'au Mont-Dore les modifications dans les roches volcaniques anciennes sont presque toujours aussi tranchées que celles qu'on pourrait découvrir entre deux formations calcaires, par exemple, qui seraient fort éloignées l'une de l'autre dans la série des terrains sédimentaires.

Trachyte porphyroïde.

La formation la plus développée qui paraisse avoir suivi celle des conglomérats et des trass précédens, et qui s'est déposée par-dessus d'une manière uniforme, comme nous l'avons dit, a été le résultat de l'émission d'une matière non plus incohérente, mais qui a dû être complètement fluide. Elle constitue les trachytes porphyroïdes proprement dits, qui peuvent être sortis par une ou plusieurs fractures et se sont étendus en nappes d'une grande épaisseur.

Leur disposition, toute superficielle, offre déjà un premier caractère saillant, qui dénote une origine simultanée, dans les divers lambeaux qui forment la majeure partie de la surface du Mont-Dore. Ce caractère est confirmé par la similitude qui règne entre ces parties, et elle est telle qu'il est impossible de méconnaître qu'elles sont le produit d'une même cause.

Ces trachytes constituent le pic de Sancy et une partie de ses alentours, les plateaux de Durbise et de l'Angle qui dominent le ravin des Egravats et le village des Bains, le Puy-Gros, les plateaux de Bozat, de Chambourguet et des environs du roc de Courlande (*Pl. IV*, *fig.* 1, 2, 3 et 4).

Dans tous ces points ils se présentent avec des divisions prismatiques qui, à la vérité, sont informes; cependant ce fait, combiné avec celui de l'horizontalité presque parfaite que les lambeaux affectent en beaucoup de points, démontre que les parties qui sont très escarpées n'ont pas pu être consolidées dans leur disposition actuelle. Ainsi le trachyte du pic de Sancy, qui forme un cône élancé de toutes parts, se lie intimement par tous ses caractères à celui qui constitue l'assise de la grande cascade, et il n'est pas admissible que des dépôts si différemment situés aient affecté précisément le même mode d'arrangement moléculaire ou de structure. La simplicité est bien plutôt du côté de l'opinion qui considère ces masses comme ayant été déposées simultanément en assises à peu près horizontales, puis redressées sous des angles variables lors de la sortie au jour des nouvelles formations que nous détaillerons bientôt.

Quelquefois l'épaisseur de l'assise a varié un peu quand ces trachytes se sont répandus dans les inégalités du sol qui les supporte, et dans ce cas même il a pu y avoir coulée sur coulée purement locale, par suite de la lenteur avec laquelle les substances à fluidité pâteuse s'avancent sur des plans peu inclinés. Elle permet à certains filets plus liquides de se détacher d'abord de la masse principale, et de remplir les dépressions qu'ils rencontrent avant que le reste de la lave ne vienne se niveler au-dessus. Cette circonstance me paraît avoir eu lieu pour les deux ou trois assises que l'on remarque au ravin des Egravats, et elle se répète fréquemment dans une seule et même coulée de beaucoup des volcans d'Auvergne. Il suffit d'avoir vu couler les laitiers de nos hauts-fourneaux pour se rendre compte de ces accidens qui ont pu aussi modifier un peu les trachytes en changeant la durée de leur refroidissement; mais je reviendrai sur ce sujet dans la seconde partie du mémoire.

Je dois encore mentionner ici une observation importante, à peu près du même ordre que la précédente, que M. Cordier m'a communiquée. Ce célèbre géologue a observé que ces trachytes ont quelquefois rempli par le haut des fractures qui paraissent s'être faites dans les conglomérats, à peu près au moment de leur éruption, en sorte qu'il en est résulté des filons terminés par en bas et se liant par le haut à la grande assise superposée; il en existe plusieurs au pied du pic de Sancy; mais, comme jusqu'à présent on n'a pas encore observé de véritables filons de cette roche venant de la profondeur, on ne peut assigner tel point ou tel autre comme étant de préférence celui par lequel elle s'est fait jour pour se répandre à la surface. Ce fait avait déjà frappé M. de Montlosier, car il dit, p. 150 de son ouvrage sur les volcans d'Auvergne : « Ces » courans paraissent sourdre de la montagne elle- » même, sans que rien puisse constater le lieu » précis de leur origine. »

On a souvent prétendu que cette grande formation était le résultat de coulées diverses qui auraient pris leur inclinaison actuelle dès l'origine; cette hypothèse semble d'abord toute naturelle, et de plus on est conduit, au premier aperçu des localités, à remonter la pente des différens lambeaux pour rechercher la bouche par laquelle ils seraient sortis, d'autant mieux qu'ils sont ordinairement en relation d'inclinaison avec certains points saillans qui les dominent, comme les coulées de laves le sont par rapport aux cônes d'éruption dans les volcans modernes; mais du moment que dans les Monts-Dores on atteint ces points, on est fort étonné de ne plus reconnaître la moindre analogie dans les caractères essentiels, en sorte que l'on est forcé de renoncer à cette opinion; bien plus, ces sommets ont souvent donné des coulées indépendantes qui se sont répandues sur la surface de la masse qu'ils ont soulevée; c'est ce qui se voit entre autres au roc Cuzeau, vers lequel la grande assise du trachyte porphyroïde du plateau de Durbise se relève, mais qui lui-même est un cône de trachyte gris bulleux ou compacte, muni de sa coulée spéciale de même nature, et complétement différente du trachyte porphyroïde (*fig*. 2 et 3).

Nous allons d'ailleurs décrire les formations nouvelles qui nous rendront compte de ces inclinaisons, différences de niveau et relations qui ne sont autre chose ici que celles qui existent naturellement entre une masse soulevante et une masse soulevée. Il me suffit d'observer ici qu'on est toujours ramené aux idées de dislocations et de soulèvemens d'une grande assise horizontale, quels que soient les faits que l'on examine. Cette circonstance n'avait pas échappé au coup d'œil observateur du comte de Montlosier, car nous trouvons dans son ouvrage, si plein d'aperçus judicieux sur les volcans d'Auvergne, les paroles suivantes : « Il est impossible d'abord, » dit-il, de ne pas voir que le Mont-Dore n'a été » primitivement qu'un continent plein et presque horizontal dans ses diverses assises, comme » est en général aujourd'hui la gibbosité inférieure sur laquelle il est placé. » (*Essais sur les volcans d'Auvergne*, p. 152.) Et un peu auparavant, p. 149, en parlant de la disposition des conglomérats, il avait déjà dit : « En plusieurs » endroits, par exemple, c'est un amas si confus » et si bouleversé de matières de toute espèce, » rassemblées sans intention et sans cohérence, » qu'on serait tenté de croire qu'elles ont été *soulevées* de cette manière par l'action des feux » souterrains. »

Trachytes blancs ou domites.

Les premiers indices des dislocations de la nappe du trachyte porphyroïde paraissent devoir se rapporter à l'apparition des trachytes blancs ; au moins ces deux roches offrent certains caractères de similitude qui permettent d'établir un rapprochement entre elles, tandis que la différence est extrême pour les époques suivantes ;

ainsi, ces domites sont fréquemment porphyroïdes, et renferment des cristaux de feldspath isolés et semblables à ceux du trachyte porphyroïde, dont ils ne diffèrent essentiellement que par la nature de la pâte : d'un autre côté, ils ne diffèrent en rien des domites de la chaîne des puys, dont ils sont probablement contemporains.

Ils ont généralement une tendance à constituer des montagnes plus ou moins arrondies en forme de dômes, sans cratères, sans aucun accompagnement de coulées, en sorte qu'on peut les supposer sortis à un état pâteux ou de fluidité extrêmement imparfaite. Cette conjecture est confirmée par les caractères chimiques, qui dénotent une grande richesse en silice, laquelle a pu contribuer à diminuer leur fusibilité; ce qui viendrait encore à l'appui de cette dernière supposition, c'est que, dans les cas où ils offrent dans leurs détails une structure prismatique, elle est extrêmement grossière, tandis que celle des basaltes et autres matières qui ont évidemment coulé avec bien plus de liquidité, est ordinairement plus délicate.

Quelquefois cependant ils forment de simples filons dont on peut observer des exemples autour du Puy-Gros; ils paraissent même s'être répandus en coulée, au moins il est permis de le soupçonner, parce que plusieurs des volcans modernes de la chaîne des puys ont porté au jour des fragmens de cette roche qu'ils ont scorifiée en la traversant. Ces circonstances se sont présentées auprès de Pariou, au puy de Montchié et au chuquet de Couleïre, d'après les observations de M. Bouillet; d'ailleurs on exploite encore une assise bien plus éloignée encore que les précédentes, auprès du village des Roches, sur la grande route de Clermont à Pont-Gibaud; mais, il faut le dire, tous ces gisemens sont encore bien obscurs, l'on ne peut rien émettre de positif à leur égard, et dans tous les cas leur peu d'extension ne contrarie en rien la loi générale que j'ai énoncée précédemment.

Les montagnes formées par les domites n'ont d'ailleurs aucune connexion bien intime les unes avec les autres, et sont tout au plus concentrées en certains points ou dirigées suivant certaines lignes.

Les puys de la Tache, de l'Angle, le culot appelé le Capucin, et quelques autres points, sont le résultat de cette formation dans les Monts-Dores (*fig.* 2 et 4); ceux de la chaîne des puys sont le Puy-de-Dôme, le Clierzou, le Petit-Suchet, le Sarcouy, le Gromanaux et l'Ecorché ou le Puy-de-Chopine.

Les domites ne sont recouverts par aucun autre trachyte, et on ne connaît d'autres masses qui les croisent que quelques filons basaltiques, dont l'âge est par conséquent plus récent; mais un fait que nous ne devons pas omettre ici, à cause de son importance, c'est que le Puy-de-Chopine, en se faisant jour au travers du terrain primitif, en a soulevé un lambeau qui est resté adossé contre son flanc, et s'élève presqu'à son sommet; il se compose de porphyre amphibolique, de syénite et d'une autre roche ayant l'apparence d'une aphanite.

Le Clierzou paraît de même avoir soulevé une couche alluviale qui lui sert de chapeau.

Cette roche a influé de la même manière dans les Monts-Dores sur l'inclinaison des parties de la grande nappe de trachyte porphyroïde qui l'avoisinent; ainsi l'assise qui domine le village des

Bains affecte, outre sa pente générale du sud au nord, un second relèvement vers les puys de la Tache et de l'Angle (*fig.* 2 et 4); d'un autre côté, le Capucin occupe le sommet d'un triangle qui forme le plateau de Rigollet, et paraît l'avoir disloqué et séparé si profondément et si nettement de la montagne de Bozat à l'ouest, du plateau de Chambourguet au sud, et du plateau de l'Angle à l'est, qu'il est resté à un niveau bien inférieur lors des soulèvemens qui ont exhaussé toutes les autres parties de la grande nappe du trachyte porphyroïde (*fig.* 4).

Ces dislocations sont déjà en relation avec les principales vallées du Mont-Dore, et paraissent les avoir ébauchées en partie; ainsi le redressement occasioné par les puys de l'Angle et de la Tache a dû produire latéralement la fracture de la vallée de Quereuilh (*fig.* 2), et, en face, celle qui a constitué la vallée des Bains. La sortie du Capucin a produit de son côté la cassure escarpée qui forme la vallée du Rivau-Quartey, séparant le plateau du Rigolet de la montagne de Bozat (*fig.* 4). Tels sont les premiers indices de soulèvemens et de dislocations; ils deviendront plus évidens à mesure que nous avancerons davantage vers des époques plus récentes dans la série des formations volcaniques.

Trachytes gris.

Les trachytes gris paraissent avoir succédé aux domites; ils sont extrêmement nombreux, et constituent toujours des filons plus ou moins puissans ou des culots; quelquefois ils se sont épanchés entre les couches stratifiées des conglomérats et des trass, en sorte qu'ils prennent l'apparence trompeuse des véritables couches horizontales qui auraient été plus anciennes que celles du tra-

chyte porphyroïde de la grande nappe; on en a de beaux exemples à la Grande-Cascade, au ravin de la Craie et aux Egravats; mais dans ce cas même, les nombreux rameaux qui s'en détachent de soute part, et qui pénètrent dans les roches encaissantes, déterminent aussi nettement leur mode de formation que pourrait le faire leur identité de composition avec ceux d'entre eux qui ont pénétré jusqu'à la surface.

Ces filons offrent des épaisseurs variables depuis 3 à 4 mètres, jusqu'à former des masses puissantes comme au roc de Cuzeau et au Puy-de-Cliergue (*fig.* 3); ils constituent d'ailleurs les Aiguilliers et toutes ces crêtes élancées qui hérissent les abords du pic de Sancy, et qui impriment à cette partie du Mont-Dore leur aspect si éminemment pittoresque. La plupart d'entre eux ont traversé de ce côté, de part en part, la masse des conglomérats, et l'on voit les mêmes filons qui dominent le Val-des-Enfers et de la Cour sur les escarpemens nord, reparaître sur l'escarpement sud vers le ruisseau de la Font-Sala; il en existe encore à la base du Capucin et dans une foule d'autres positions; mais les escarpemens n'étant plus aussi abruptes et les dislocations moins sensibles, ils ne peuvent plus présenter cette dentelure hardie, et ils se réduisent aux formes ordinaires des filons enclavés dans les roches. Ils ont assez fréquemment soudé et même vitrifié les parties des conglomérats et des trass avec lesquels il se sont trouvés en contact.

Quand les plus puissans de ces filons ou culots ont traversé la grande masse du trachyte porphyroïde, ils ont produit des coulées parfaitement caractérisées qui se sont répandues sur celui-ci absolument comme celles des volcans modernes; cependant elles n'offrent plus ce caractère de fraîcheur, ces angles vifs et ces contournemens délicats que l'on retrouve partout dans ceux-ci; il n'en reste plus que des amas de blocs amoncelés suivant une traînée qui indique la trace de la masse principale de la coulée. Sur le plateau de Chambourguet on voit 5 à 6 de ces coulées disposées parallèlement les unes aux autres, depuis le Puy-de-Cliergue jusqu'au Puy-Redon; elles se sont toutes dirigées vers l'ouest. Il en a été de même au roc Cuzeau, dont la coulée s'est étendue vers l'est sur le plateau de Durbise (*fig.* 3); il paraîtrait en exister encore sur le plateau de la Banne-d'Ordenche, aux environs du lac Guéry, et enfin la coulée du Capucin, qui a fourni la pierre de construction de l'hôtel des Bains, en est encore un bel exemple.

Les masses saillantes encore existantes, desquelles sont sorties ces coulées, ne présentent plus en rien la forme de cratères ou celle des volcans ordinaires; il est vrai qu'on peut les supposer démolies en partie par les actions postérieures, d'autant plus qu'ils se trouvent généralement placés sur le bord d'escarpemens presque verticaux qui résultent des grandes actions subséquentes.

Le trachyte gris nous présente un second ordre de phénomènes extrêmement essentiel à constater; c'est celui du redressement des trachytes porphyroïdes vers les grands filons qui en sont composés, en sorte qu'ils paraissent avoir été soulevés par ceux-ci à l'instant de leur sortie d'une manière analogue à celle que nous avons signalée pour les trachytes blancs précédens. Il en est résulté une double inflexion quand les masses de ces deux roches se sont trouvées voisines les unes des autres; c'est ce qui s'observe très bien pour la grande assise qui domine la vallée des Bains. Elle a été plissée entre le puy de l'Angle et le roc Cuzeau, de manière que l'une de ses parties se relève contre le premier vers l'est, ainsi que je l'ai déjà observé en parlant des puys domitiques; et que l'autre, qui forme le plateau de Durbise, s'est relevée vers le sud contre le roc Cuzeau, avec une pente d'un décimètre par mètre, d'après les calculs de M. Lecoq (*fig.* 2, 3 et 4). C'est dans le pli de cette surface gauche que s'est établi le ruisseau qui forme la Grande-Cascade.

Peut-on rapporter l'origine du Grand-Cirque de la vallée du Mont-Dore à l'émission de ces roches? Sans aucun doute elles ont contribué puissamment à imprimer à ces montagnes une partie de leur physionomie actuelle, par les perturbations qu'elles ont dû occasioner. Elles sont d'autant plus frappantes, que les trachytes gris abondent principalement dans les points les plus bouleversés, correspondans ainsi à la fois avec le fond de la grande vallée et avec les plus grandes hauteurs. Leur accumulation vers ce point est telle, qu'elle démontre clairement une place de moindre résistance, par laquelle les causes subversives se sont principalement fait jour; mais, d'après ce que nous avons exposé, la grande vallée a déjà été ébauchée en partie par des actions antérieures; et d'autres considérations fort simples démontrent encore que ces roches n'ont pas coïncidé avec les dislocations et les soulèvemens généraux, mais qu'elles sont essentiellement antérieures à ceux-ci.

En effet, si cela était, il faudrait, par une circonstance remarquable, que les plus importans des grands filons ou culots qui en sont formés, eussent été précisément choisir la plus grande épaisseur du terrain et percer l'énorme assise de trachyte porphyroïde pour parvenir jusqu'à la surface du plateau et y répandre leurs laves, tandis que latéralement une épaisseur presque nulle et composée de conglomérats et de trass incohérens ne leur eussent présenté aucune résistance. C'est ainsi que le roc Cuzeau, le Cliergue, son pendant, et plusieurs autres, sont situés pour ainsi dire à plomb sur des escarpemens abruptes, et dominent de là les profonds précipices de la vallée.

La *figure* 3 en dira plus à ce sujet que toutes les explications; je ne puis donc mieux faire que d'y renvoyer.

M. Constant Prevost m'a fait, à cet égard, l'observation qu'il avait vu à l'Etna un grand filon traverser toute la paroi du cratère, et parvenir jusqu'au sommet, d'où il a répandu une coulée. Ce fait local est-il complétement applicable à la circonstance présente? il me semble que non. Car ici le fait est général et roule sur tout un système, comme je viens de l'exposer. De plus, il ne reste pas de traces de leurs coulées non-seulement dans le cirque, mais encore dans la vallée; on est donc en droit d'en conclure qu'ils n'existaient pas encore à cette époque avec leur forme actuelle. Cette observation est si convaincante, que je vois avec plaisir, par le bulletin de la réunion de la Société géologique à Clermont-Ferrand, qu'elle avait déjà été faite par M. Lecoq, professeur d'histoire naturelle dans cette ville.

M. Constant Prevost m'a encore donné une

autre solution de la question qui ne me paraît pas non plus satisfaire à toutes les conditions; en effet, il considère les coulées en question comme provenant du déversement par-dessus les bords du trop plein de l'ancien cratère, qui forme le cirque actuel de la vallée des Bains. Il faudrait, pour que les faits se fussent passés ainsi, que toute la bordure supérieure du cirque eût eu au moins une hauteur uniforme et égale à la plus élevée de celle des diverses nappes; tandis qu'au contraire cette bordure s'élève constamment depuis le Cliergue jusqu'au Puy-de-la-Grange et au delà (*fig.* 1). En même temps la coulée qui est auprès de Cliergue n'est pas plus puissante que les autres quoiqu'elle se trouve dans la partie la plus basse de la bordure; il faudrait en outre que ces coulées formassent un tout continu, tandis qu'elles sont nettement isolées les unes des autres. Bien plus encore, j'ai déjà signalé l'ancienne dépression qui se manifeste depuis le Capucin jusqu'à l'extrémité du plateau de Rigolet; pourquoi donc une puissante nappe n'a-t-elle pas pris son chemin entre le Cliergue et le Capucin, et surhaussé ce plateau jusqu'à lui faire atteindre un niveau proportionnel à celui des autres coulées de même nature qui le dominent? Au lieu de cette épaisse assise que nous devons inévitablement admettre si nous tenons à cette hypothèse, nous n'y trouvons qu'un petit lambeau de trachyte gris bulleux, semblable à tous les autres, et dont les divers filons de même nature, qui se rencontrent à la base du Capucin, rendent suffisamment raison. Nous sommes donc ainsi toujours ramenés à considérer ces éruptions comme résultant de faits purement locaux, et nullement en rapport avec un déversement de laves qui aurait pu remplir un moment un ancien cratère central. D'ailleurs enfin, comment n'est-il resté aucun vestige de cette énorme masse dans le cirque lui-même? On ne peut pas la supposer entièrement détruite, puisque ses restes supposés offrent tant de solidité.

La discussion précédente nous ramène donc à la conclusion, que c'est encore à une cause postérieure que nous devons rapporter la grande dislocation qui a produit le cirque du Mont-Dore, comprenant le pic de Sancy dans son enceinte. Deux nouvelles formations nous laissent quelqu'incertitude à cet égard; et c'est en cela que consiste toute la divergence qui existe entre les hypothèses de MM. Elie de Beaumont, Dufrénoy et Lecoq. Les premiers admettent que la grande fracture est due à la sortie des phonolites, l'autre aux volcans pyroxéniques modernes; différence peu essentielle pour le moment, car entre ces deux sortes de roches on n'a pas encore établi bien précisément l'ordre d'antériorité, les filons basaltiques et phonolitiques étant souvent situés les uns à côté des autres, sans s'influencer réciproquement d'une manière tranchée et positive.

Cependant comme il existe, d'après les observations de MM. Lecoq et Bouillet, du basalte dans les mêmes positions que le trachyte gris précédent, je veux dire sur le sommet même de la grande déchirure qui forme le cirque du fond de la vallée des Bains, au Chabano, entre le Puy-de-la-Grange et le Puy-de-Cliergue, les mêmes raisons qui ont fait admettre que ce cirque n'était pas encore constitué lors de l'éruption des trachytes gris, doivent encore nous

Basalte.

guider ici. D'ailleurs, on voit des nappes de basalte prismatique fortement inclinées auprès du Puy-de-Pailhet, ce qui ne peut résulter que d'une action postérieure; et enfin les laves pyroxéniques sont exclues de ce centre dans lequel elles auraient dû principalement paraître si elles y eussent agi après sa formation; il devient évident que les derniers soulèvemens ne sont pas contemporains à leur apparition.

Partout où les basaltes se sont fait jour, ils ne sont accompagnés que de dislocations purement locales, tels que les redressemens plus ou moins prononcés qui paraissent avoir eu lieu autour de la Fille de la Banne-d'Ordenche (*fig.* 5), du roc de Courlande et du Puy-Gros. L'exhaussement de ce dernier est l'une des actions les plus marquées qu'on puisse leur attribuer. Son chapeau de trachyte porphyroïde est élevé au-dessus du niveau général que cette roche occupe dans les environs, et se trouve flanqué de toutes parts à sa base de déjections bulleuses et basaltiques, à l'effort desquelles il doit indubitablement son soulèvement. C'est d'après des relations pareilles, entre les domites et les volcans modernes, que M. Lecoq (*Annal. Scientif. de l'Auvergne*, t. I), a déjà, depuis plusieurs années, été conduit à admettre un surhaussement des masses domitiques de la chaîne des Puys-de-Dômes par les actions de ceux de ces derniers qui avoisinent leur base.

Mais c'est principalement au roc Courlande que l'on peut observer un phénomène de cassure qui tend bien à nous rendre raison de la formation des vallées par dislocation; en effet, ce culot assez puissant est sorti par un point qui est celui d'intersection de deux filons qui se croisent à angle droit sous son pied. Les couches trachytiques se relèvent autour de ceux-ci, en sorte que l'un, dirigé de l'est à l'ouest, semble avoir formé l'arête qui conduit au Puy-Redon; et que l'autre, dirigé du nord au sud, rejette dans le même sens le ruisseau de Chastreix peu après son origine. Si ces deux fractures convergentes en un point fussent restées ouvertes, soit que la masse basaltique eût été insuffisante pour les remplir, soit que sa fluidité eût été trop imparfaite, il est clair que les eaux venant à les élargir peu à peu auraient produit ici deux vallées aboutissant à une cavité centrale commune, et l'on aurait pu y voir très en petit le phénomène d'un cratère de soulèvement. J'insiste donc sur ce fait, parce qu'il nous servira par la suite. Le basalte du même endroit empâte encore des fragmens du trachyte qu'il a traversé; ils sont quelquefois imparfaitement fondus par les bords, mais du reste parfaitement reconnaissables. Son injection au travers de sa masse ne saurait donc être douteuse.

Le basalte se montre encore en plusieurs autres points dans les Monts-Dores, en sorte que la répulsion que l'on admettait autrefois entre les roches basaltiques et trachytiques doit être mise de côté; mais je renvoie aux nombreuses observations de MM. Lecoq et Bouillet pour les détails de leurs caractères et de leurs gisemens.

Phonolites.

Jusqu'à présent nous avons vu les exhaussemens successifs d'anciens lambeaux en rapport constant avec des formations plus récentes; mais nous n'avons pu attribuer à aucune d'elles les fractures qui ont décidé les vallées principales, quoiqu'elles se soient toutes réunies pour ébaucher le relief actuel de ces montagnes. C'est ainsi que le relèvement du plateau qui domine les Bains est en rapport avec les puys domitiques de la Tache et de l'Angle; que le plateau de Durbise s'incline à partir du trachyte gris du roc Cuzeau; que l'élévation du Puy-Gros est en relation avec les basaltes; enfin que la dépression du plateau du Rigolet se rattache à la sortie du Capucin; mais aussi aucune de ces roches n'est intimement liée au cirque, soit parce qu'en vertu de leur liquidité elles ont immédiatement rempli les fractures en apparaissant au jour, soit parce que leur position sur le sommet des escarpemens est en discordance avec l'effort prodigieux qu'elles ont dû faire pour y parvenir, et que ce même effort devait naturellement les faire paraître au bas des vallées.

D'un autre côté, vouloir expliquer les vallées principales uniquement par les érosions, est une chose difficile ou impossible, comme on le verra quand je ferai la part de l'action des eaux superficielles.

Admettrons-nous d'autre part l'existence d'un cratère d'éruption encore plus récent que celui que M. Constant Prevost a déjà cherché à établir pour expliquer la disposition des trachytes gris; je me demanderai alors ce que sont devenus ses produits? Nous trouvons autour du pied de nos volcans modernes, même jusque sur les flancs, tous les produits incohérens tels que les pouzzolanes, les bombes volcaniques, les scories bulleuses et les blocs erratiques qui sont le résultat des éruptions. Ici rien de pareil : la surface du plateau, quoique peu inclinée, est nette; les ruisseaux qui la sillonnent faiblement n'ont pas mis au jour de pareils débris, et nous n'y voyons que des trachytes en nappe ou d'autres produits surajoutés dont on peut immédiatement reconnaître la source voisine, tels que les scories basaltiques qui se trouvent à la base du Puy-Gros.

Il faut donc nécessairement admettre un dernier déchirement, accompagné d'une élévation avec écartement, et privé du reste de tout l'appareil volcanique ordinaire. C'est précisément en ceci que consiste l'hypothèse de MM. Elie de Beaumont et Dufrénoy; ils en trouvent la cause dans un effort souterrain qui a occasioné sur un point la sortie de certains phonolites. En effet, si nous nous transportons vers le nord du Mont-Dore, nous y trouvons cette nouvelle roche qui constitue la Tuilière, la Sanadoire et la Malviale, culots puissans situés dans une enceinte circulaire, vers laquelle les couches environnantes se relèvent de toute part sous un angle assez faible, et au lieu de se réunir pour constituer une sommité conique comme on devrait s'y attendre, elles s'arrêtent tout à coup pour former de profonds précipices (*fig.* 5). On est donc conduit à admettre que c'est à leur apparition au jour qu'est due la dislocation centrale qui a déterminé autour d'eux cette forme éminemment caractéristique; et, prenant l'analogie pour guide, on est amené naturellement à la même conclusion pour le cirque qui environne la base de Sancy, puisque tout est semblable d'ailleurs, sauf la présence de ces roches.

On peut admettre, d'ailleurs, que la force ascensionnelle des phonolites, quelle qu'en soit la cause, n'a pas été capable de les faire paraître au jour en ce dernier point, à cause de l'énorme épaisseur de terrain qu'ils devaient traverser, et qu'ils se sont bornés à soulever. Cette supposition est confirmée par les nivellemens barométriques de M. Ramond, qui nous donnent, pour les sommets des roches Sanadoire et Tuilière, des hauteurs de 1,294 et 1,290 mètres, tandis que le fond de la vallée des Bains au confluent de la Dore et de la Dogne, au pied de Sancy, atteint une hauteur de 1,358 mètres; la différence devient sensible surtout, si l'on a égard à l'action érosive des eaux qui ont approfondi cette partie composée de trass incohérens. Cette érosion est d'ailleurs clairement démontrée par les murailles verticales du trachyte en filons qui séparent la vallée de la Cour de celle des Enfers; elles sont les témoins de cette ancienne hauteur.

Le développement qu'ont acquis les phonolites dans le cirque de la Sanadoire vient encore à l'appui de cette action que nous leur attribuons. En effet, depuis la Malviale jusqu'à la Sanadoire, on trouve déjà une étendue d'environ 1,860 mètres; et d'un autre côté leur action ne s'est pas concentrée dans ce seul massif, car elles ont traversé, sous forme de filons, une multitude d'autres points situés autour d'eux. Tout le plateau de la Banne-d'Ordenche et de la Croix-Morand en présentent de nombreux indices, et cette roche a pu aussi s'y répandre à la surface en forme de nappe, comme on paraît généralement disposé à l'admettre, sans cependant pouvoir en fournir des preuves positives; car elle est toujours, dans ces circonstances, plus ou moins masquée par la végétation. La montagne de Loueire, le Puy-de-l'Aiguiller, en présentent aussi qui est entremêlé du trachyte qu'elle paraît avoir traversé; enfin on en retrouve des filons nombreux vis-à-vis de la Bourboule, auprès des villages de l'Usclade, du Legal, à la base de de la Fille de la Banne-d'Ordenche ; en sorte que tout ce massif septentrional des Monts-Dores pourrait bien en avoir subi l'action, et lui devoir une partie de son soulèvement au-dessus du niveau des plateaux du Rigolet et de l'Angle, avec lequel il devait primitivement former une suite continue ; mais, dans tous les cas, l'effort principal s'est exercé évidemment dans le cirque en question, où les phonolites se présentent en plus grande abondance. De là cette grande fracture et toutes les autres relations que nous avons déjà indiquées précédemment.

Quant à l'objection qu'on pourrait tirer de l'absence de cette roche dans le cirque du pic de Sancy, outre que j'en ai déjà fait pressentir précédemment le peu de valeur, elle est aussi réfutée par la découverte que l'on a faite de la même roche à la base du roc de Courlande, qui n'en est pas très éloigné; ce fait important permet d'espérer qu'une étude plus détaillée la fera découvrir tôt ou tard dans des positions encore plus centrales.

Divers observateurs ont présumé, d'après quelques circonstances de gisement, que le phonolite pouvait être plus récent que les basaltes. Si ce fait venait à être démontré clairement, il ne faudrait pas se hâter d'en tirer la conclusion que le dernier soulèvement des deux plateaux des Monts-Dores, et les grandes factures qui ont dû en être la conséquence, a été rapporté à tort au phonolite. Je suis le premier à admettre que les volcans pyroxéniques datent d'époques très variées, ils continuent même leur action de nos jours ; mais l'ensemble des faits que j'ai exposés m'autorise aussi à admettre que quelques-uns d'entre eux ont été antérieurs, et que c'est dans un intervalle de stagnation entre l'apparition des plus anciens basaltes et les plus modernes, que les phonolites se sont formés, en sorte que certains basaltes ont pu traverser les phonolites, ou être traversés par eux indifféremment.

On pourrait encore supposer que les phonolites en filons et ceux en culots sont d'âges différens; mais toutes ces questions de détail, que j'ai cherché à résoudre sur place, et auxquelles je n'ai pas pu trouver une réponse claire, à cause des difficultés que l'observateur rencontre à chaque pas dans ce pays, ne détruisent dans aucun cas le fait essentiel de l'existence de grandes masses phonolitiques en relation avec les accidens principaux, qui ont donné au Mont-Dore et à ses vallées leur disposition actuelle.

Action des eaux superficielles.

Le dernier soulèvement n'a pas pu produire des résultats aussi effrayans qu'on se le figure généralement; nous avons déjà vu comment les diverses élévations successives avaient amené quelques-unes des formes actuelles; elles n'ont été que peu modifiées par cette dernière cause, et il en est résulté, avec le soulèvement du pic de Sancy, un bombement général, une dilatation nouvelle et un prolongement de fissures moins larges d'abord; en même temps de nouvelles fractures sont survenues, et elles se sont disposées autour d'un centre commun, telles sont celles de la vallée des Bains, de Chaudefour, de la Tranteine. Leur profondeur a été comblée successivement, d'abord par les éboulemens latéraux des trass, des conglomérats et autres produits morcelés, ce qui a produit un nouvel élargissement. Les eaux ont continué cette action en déblayant peu à peu, sous-minant et déterminant ainsi de nouveaux éboulemens, dont quelques-uns, comme celui des Egravats, sont d'un âge très récent; mais, dans aucun cas, on ne peut attribuer à leur effet seul la formation des vallées; il suffit, pour cela, de considérer quelle petite action elles ont exercée sur la grande assise trachytique toutes les fois qu'elles ont agi isolément. A la Grande-Cascade, et dans une foule d'autres points où elles n'ont fait que la sillonner sans pouvoir l'entamer, on apprécie clairement la nullité de leur action, quand elles n'ont pas été aidées par le concours d'autres circonstances premières.

La grande vallée des Bains ne doit aux eaux sa dimension actuelle, relativement aux autres vallées du même ordre, que parce que de nombreux torrens s'y sont accumulés; mais comment admettre que la grande largeur des cirques, qui forment précisément l'origine des vallées, ait été le résultat de leur action unique, puisqu'un peu plus loin leurs forces réunies n'ont produit que des dimensions deux ou trois fois moindres; et d'ailleurs, cette cause est inadmissible, précisément encore parce que, si l'on n'admet pas des fractures primitives, ces érosions si profondes auraient dû se faire sur les sommets culminans qui devaient résulter pour le pic de Sancy, du prolongement des plateaux de Chambourguet, et de ceux qui sont à l'est du roc Cuzeau; et pour le cirque de Sanadoire, de ceux de la Croix-Morand, de la Banne-d'Ordenche et du lac de Guery, ce qui donnerait lieu à une saillie, tandis qu'il y existe une profonde dépression (*fig*. 3 et 5).

Cette objection puissante et irréfragable est du reste si naturelle, qu'elle s'est présentée à la plupart des observateurs, en sorte que nous ne devons pas être étonnés de la voir mise en avant par tous ceux qui ont parcouru comme moi ce pays; je ne puis donc mieux faire que de renvoyer à cet égard aux travaux de MM. Burat, Lecoq et Elie de Beaumont, qui en ont fait sentir déjà toute la valeur.

La formation du Mont-Dore et de ses vallées, ainsi développée, me paraît tellement en rapport avec les faits que je connais sur les fractures des terrains en général, que je ne puis plus hésiter à l'admettre. J'ai d'ailleurs déjà démontré, dans mon mémoire sur les filons métallifères d'Auvergne, qu'ils étaient le résultat d'une succession des fractures opérées à divers intervalles dans le même sens qu'une seule et même fracture primitive, et qu'elles avaient été comblées à mesure par des formations plus nouvelles, parmi lesquelles celles de la dernière période étaient caractérisées plus spécialement que les autres par l'influence des eaux venant de l'extérieur, qui en ont formé les salbandes ou le dépôt argilo - sableux. Ici nous avons la même succession dans les dislocations qui ont été comblées en grande partie par des produits ignés venant de l'intérieur; et dans une dernière action nous voyons enfin ces produits, devenant insuffisans pour le comblement, laisser prise aux eaux superficielles. Il n'y a donc que cette seule différence dans ce rapprochement qu'en ce que, dans les filons, les fractures se sont dirigées presque constamment suivant un axe, et qu'ici elles se sont établies autour de quelques centres.

Action des eaux de sources minérales.

Pendant que les eaux des torrens exerçaient leur action destructive, celles des sources minérales, beaucoup plus nombreuses autrefois que maintenant, tendaient au contraire à agglutiner, par leurs infiltrations ferrugineuses et calcaires, les masses incohérentes des conglomérats, et les fragmens déjà arrondis par les eaux des torrens. Il en est résulté des brèches très cohérentes, dans lesquelles on trouve tous les débris préexistans confondus ; en sorte que si un géologue découvrait dans de pareilles brèches des fragmens de phonolite, de basalte ou d'autres trachytes, et qu'il ne les distinguât pas nettement des véritables conglomérats anciens, il serait porté à en conclure que ceux-ci furent contemporains de tous les produits précédens, ou bien que chacun d'eux n'a été que le résultat d'émissions partielles qui ont été produites en alternances variées, et que les formations trachytiques n'offrent aucune période constante dans leur apparition, ce qui est contraire à tous les faits, comme nous le développerons encore plus amplement dans la seconde partie du mémoire.

Par une circonstance remarquable encore, la plupart des masses de ces brèches modernes occupent une ligne inclinée, assez bien suivie et presqu'à mi-côte, depuis la Grande-Cascade jusque vers les environs du pic de Sancy ; de loin les faibles irrégularités de position disparaissent pour l'œil : on reste frappé de leur teinte foncée qui les fait ressortir vivement au milieu des éboulemens, en sorte que l'on est toujours tenté d'en réunir les divers lambeaux isolés pour en constituer une seule assie trachytique bien suivie ; illusion qui ne se détruit qu'en examinant une à une chacune de ses masses. Les plus belles brèches de cette formation se trouvent dans les escarpemens dénudés qui sont au pied du Cuzeau, où elles sont restées saillantes en forme de pyramides au milieu des éboulemens qui les environnent de toutes parts.

Je ne doute pas que divers géologues n'aient été influencés par les deux causes d'erreur que je viens de signaler ; en sorte que non-seulement ils ont pris des fragmens inclus dans les brèches pour ceux des conglomérats ; mais que, d'un autre côté encore, ils ont ajouté les brèches au nombre des masses trachytiques incluses dans les conglomérats, pour faire ressortir l'alternance périodique des conglomérats et des trachytes que je ne crois appuyée sur aucun fait positif. C'est pourquoi j'ai cru rendre service en signalant ces causes d'erreur.

Il existe encore plusieurs roches mal étudiées jusqu'à présent, et dont l'âge est par conséquent incertain ; ce sont d'abord divers trachytes qui n'existent jamais qu'en filons ou peut-être en couches redressées, intercalées dans les conglomérats ou dans les trass. Ils n'ont jamais, à ma connaissance, traversé la grande nappe de trachyte porphyroïde, on peut donc les considérer comme plus anciens, et peut-être même sont-ils contemporains des conglomérats : ils offrent plusieurs variétés que l'on a désignées sous les noms de trachyte noir porphyroïde, trachyte granitoïde à pâte vitreuse, etc., etc. Leur variabilité prouve qu'ils sont sortis à des époques diverses, et en cela ils seraient d'accord avec la variabilité des conglomérats qui ont constitué la base des Monts-Dores.

Les principales de ces roches se trouvent dans la vallée des Enfers, et le trachyte granitoïde forme un grand filon qui s'étend depuis le val de la Cour jusque dans les bois qui se trouvent au pied méridional du Capucin. Si elles ne sont pas dominantes dans les Monts-Dores, nous verrons par la suite qu'elles ont acquis un grand développement dans d'autres régions, ce qui permettra peut-être d'établir leur âge relatif.

La dolérite mérite encore une mention particulière : le mélange visible de cristaux d'apparence feldspathique qu'elle renferme dans une pâte pyroxénique, jettera probablement par la suite quelque jour sur la composition des basaltes proprement dits; peut-être forme-t-elle le passage des trachytes aux véritables basaltes.

Elle se trouve concentrée principalement dans la partie septentrionale des Monts-Dores, sur les plateaux de la Banne-d'Ordenche et de la Croix-Morand, où elle forme quelques culots, peu élevés d'ailleurs, et qui ne présentent dans leur sortie aucune trace bien sensible de dislocation; cette dernière circonstance est aussi cause du peu d'attention qu'on y a porté jusqu'à présent, parce que leur base n'étant pas dénudée par ces actions, il en résulte qu'on ne peut pas observer leurs relations avec les formations voisines.

Observation. Les différentes coupes longitudinales et transversales, jointes à ce mémoire, se rapportent à la carte du Mont-Dore qui accompagne celui de MM. Elie de Beaumont et Dufrénoy (*Ann. des Mines*, 3ᵉ. série, t. III, pl. XI).

PARIS.—IMPRIMERIE ET FONDERIE DE FAIN, RUE RACINE, No. 4.
Place de l'Odéon.

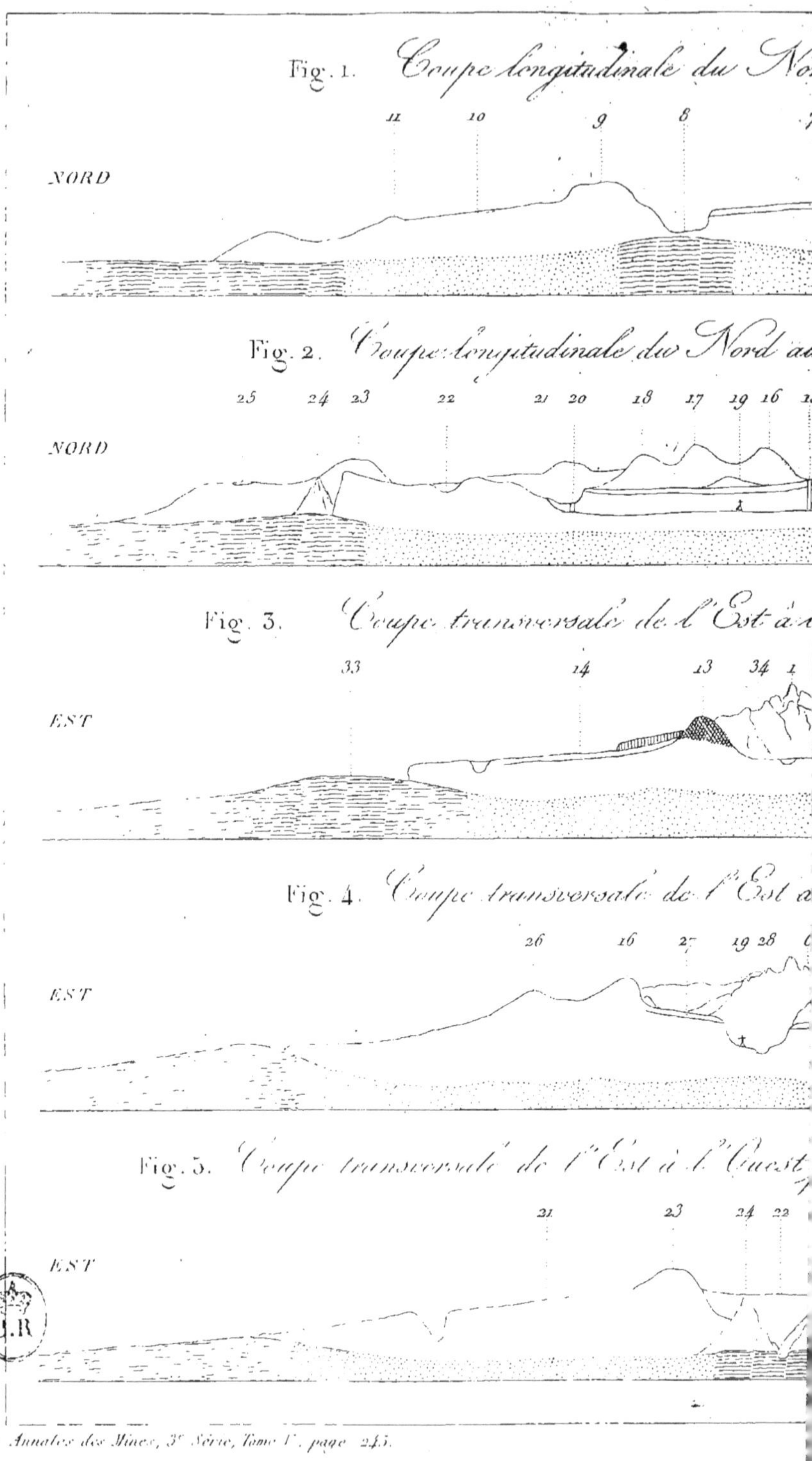
Fig. 1. Coupe longitudinale du No
11
10
9
8
NORD
Fig. 2. Coupe longitudinale du Nord au
25
24
23
22
21
20
18
17
19
16
NORD
Fig. 3. Coupe transversale de l'Est à
33
14
13
34
EST
Fig. 4. Coupe transversale de l'Est a
26
16
27
19
28
EST
Fig. 5. Coupe transversale de l'Est à l'Ouest
21
23
24
22
EST

UCCESSIVES DES MONTS-DORES.

Sud passant par le Capucin.

6 5 3 2 1 32

SUD

passant par le Roc Cuzeau.

12 1 4 32

SUD

passant par le Puy de Chierque.

3 35

OUEST

passant par le Capucin.

30 31

OUEST

par les Roches Sanadoire et Thuilière.

9 10 36 37

OUEST

LÉGENDE.

1 Pic de Sancy.
2 Puy de la Grange.
3 Plateau de Chambourguet.
4 Puy Gros.
5 Puy de Chierque.
6 Capucin.
7 Plateau de Rigolet.
8 Vallée de la Dordogne.
9 Puy Gros septentrional.
10 Plateau de la Banne d'Ordenche.
11 Roc blanc.
12 Cacadogne.
13 Roc Cuzeau.
14 Plateau de Durbise.
15 Grande Cascade.
16 Puy de l'Angle.
17 Puy de Mone.
18 Puy de la Tache.
19 Village des Bains.
20 Cascade de Querouilh.
21 Plateau et Puy de la Croix Morand.
22 Lac de Guery.
23 Puy de Loueire.
24 Roche Sanadoire.
25 Lac de Servières.
26 Puy Surin.
27 Plateau de l'Angle.
28 Vallée des Bains.
29 Vallée du Rivau Quartey.
30 Plateau de Bozat.
31 Bois de Charlanne.
32 Chastreix.
33 Laquièze.
34 Puy Ferrand.
35 Puy de Chambourguet.
36 Fille de la Banne d'Ordenche.
37 Laqueille.
38 Roche Thuilière.
39 Malmiale.

SIGNES ABRÉVIATIFS.

Terreins Primitifs visibles.
Prolongemens inférieurs du terrein Primitif.
Conglomérats Trachytiques.
Phonolites.
Trachyte Porphyroïde en Nappes.
Trachyte gris en Coulée.
Trachyte gris en Culot.

Gravé par Mars

www.ingramcontent.com/pod-product-compliance
Ingram Content Group UK Ltd.
Pitfield, Milton Keynes, MK11 3LW, UK
UKHW012301240726
13966UKWH00004B/1554